健国
身术

刘艳君

牛爱军 〇 编著

导引养生功

十二法

人民邮电出版社
北京

图书在版编目（CIP）数据

导引养生功十二法 / 刘艳君，牛爱军编著. -- 北京：
人民邮电出版社，2024. 9. --（国术健身）. -- ISBN
978-7-115-64627-9

Ⅰ. G852.6

中国国家版本馆 CIP 数据核字第 202454CF34 号

免 责 声 明

内 容 提 要

本书从"什么是导引养生功十二法""为什么练导引养生功十二法"和"怎么练导引养生功十二法"三个角度出发，对导引养生功十二法的来源、发展和特点进行了介绍，对导引养生功十二法的健身作用进行了解析，对导引养生功十二法的基本功与功法套路的练习方法进行了讲解。

在功法套路的讲解部分，本书不仅通过真人连拍图对动作步骤进行了展示，还对练习的基本要求、功理作用、呼吸方式和易犯错误进行了讲解。此外，本书免费提供了导引养生功十二法的分段演示视频、分段教学视频，以及完整套路跟练视频，旨在帮助读者降低学习难度，提升练习效果。无论是导引养生功十二法的学习者，还是教授者，都可从本书中受益。

◆ 编　　著　刘艳君　牛爱军
　　责任编辑　刘日红
　　责任印制　彭志环

◆ 人民邮电出版社出版发行　　北京市丰台区成寿寺路 11 号
　　邮编　100164　　电子邮件　315@ptpress.com.cn
　　网址　https://www.ptpress.com.cn
　　廊坊市印艺阁数字科技有限公司印刷

◆ 开本：700×1000　1/16
　　印张：5.5　　　　　　　　　2024 年 9 月第 1 版
　　字数：58 千字　　　　　　　2025 年 9 月河北第 2 次印刷

定价：35.00 元

读者服务热线：(010)81055296　印装质量热线：(010)81055316
反盗版热线：(010)81055315

目录

壹

源

什么是
导引养生功十二法

导引养生功十二法的来源

随着健康和健身知识的普及，人们对通过科学锻炼提升健康水平越来越重视。其实古人也非常重视通过身体锻炼治疗疾病，改善健康，导引术就是古人经常采用的锻炼方法。要知道，导引术并不是古人随心所欲编创出来的，而是基于对人体和疾病的认识所编创的。中医认为"上工治未病"，意思是能在一个人还没有得病的时候，就帮助他把可能导致得病的隐患消除掉，这才是最厉害的医生。从这个角度来讲，导引术在一定程度上起到了通过锻炼身体强健体魄、预防疾病的作用。

据成书于战国末年的《吕氏春秋》记载，早在尧帝时代，由于连年洪水泛滥，人们不得不长期生活在阴冷潮湿的环境中，身体受到了损害，导致很多人得了关节炎。于是，人们开始用"跳舞"的办法来治病。有学者认为，"跳舞"作为一种身体活动，就是"导引术"的萌芽。

《黄帝内经》也提到，古时中原地区人们生活的地方平坦而且潮湿，因为不必劳作得太辛苦，加之食量大而且食物种类多，容易得"痿厥寒热"之病，而导引术就可以治疗这些病症。

晋代的李颐把"导引"解释为"导气令和，引体令柔"，即使气息和顺，肢体柔活。唐代的王冰把"导引"解释为"摇筋骨，动支节"，即肢体筋骨的锻炼。由此可见，导引术就是一种锻炼身体的方法，是古代的"体育"。在经验累积的基础上，并随着中医的发展，古人创造出成套的动作进行锻炼，也就是产生了套路。这些套路大多简单易行，所以流传的时间和范围都非常广，如八段锦、易筋经、五禽戏等。

自 20 世纪 70 年代起，北京体育学院（1993 年更名为北京体育大学）的张广德教授在武术动作和套路基础上创编而成一系列养生功法，统称为"导引养生功"。2008 年，张广德教授从 1974 年起编创推广的 50 余套导引养生功法中精选了 12 式动作，集为"导引养生功十二法"。这是一套以脏腑经络学说、阴阳五行学说、气血理论为指导，把导引与养生、肢体锻炼与精神修养融为一体的功法，集修身、养性、娱乐、观赏于一体，动作优美，衔接流畅，简单易学，安全可靠，适合于不同人群习练，具有祛病强身、延年益寿的功效。

导引养生功十二法的发展

养生，即"养护生命"之意，为的是健康长寿，正如《黄帝内经》中所描述的：尽终其天年，度百岁乃去。

庄子曰："吹呴呼吸，吐故纳新，熊经鸟申，为寿而已矣。此道引之士，养形之人，彭祖寿考者之所好也。"在一呼一吸中呼出废气，吸入新鲜空气，即为吐故纳新；熊经指模仿熊走路的动作；鸟申指模仿鸟伸腿、展翅的动作，进行呼吸锻炼及模仿动物的动作，都是为了强身健体。年逾百岁，瓜熟蒂落，寿终正寝，这正是古人的一种生命健康期盼。庄子把这些喜欢强身健体的人们称为"导引之士"和"养形之人"，他们锻炼的目的是能够像彭祖（传说彭祖活了八百岁）一样长寿。

庄子生活的年代距今已有 2300 多年，那时的古人就已经有了通过身体锻炼延年益寿的理论和方法。

1972 年至 1974 年，我国发掘了湖南长沙马王堆汉墓，出土了令世界震惊的考古成果，其中就包括一幅《马王堆导引图》。这是世界上现存最早的彩色帛画，出土时已经腐朽破碎，湖南省博物馆用了 3 年时间对帛画进行了复原，所以我们现在看到的帛画是复原图。这幅图上绘制了 4 层人体锻炼动作图，每层有 11 幅小图，一共记录了 44 个动作，有些动作的旁边还有文字注释，如"引腰痛"（"引"的意思是"治疗"，"引腰痛"表示对应动作的功用是治疗腰痛）。

这幅帛画就像现代社会中常见的挂图。这让人不免想象，在距今2200多年前西汉长沙国丞相轪侯利苍的府上，收藏了大量医简，夫人和公子精研医理，并与实践相结合，对着墙上的挂图做熊经鸟申，锻炼身体，治疗疾病。

作为经典的中医著作，《黄帝内经》具体由何人所著已经不可考证。在《黄帝内经》中，有一篇叫作《异法方宜论》的文章，描述了生活在不同地域的人们，因为饮食、气候等的不同，容易患上不同类型的疾病，需要采取不同的治疗方法，并列举了砭石、毒药、灸焫、九针、导引按蹻这五大类治病方法。由此可见，在《黄帝内经》中，"导引"已经成为一种重要的治疗方法。

2000多年以来，关于导引术的理论和技术层出不穷。其中传播较为广泛、群众习练人数较多的导引术有五禽戏、六字诀、八段锦、二十四节气导引、易筋经、十二段锦和导引养生功十二法等。

导引养生功十二法的特点

| 由内而外，整体改善 |

导引养生功十二法注重将健身与疗愈相结合、肢体运动与呼吸吐纳相结合、象形仿生动作与自然肢体运动相结合，通过调身、调息、调心的三调合一，促使习练者发挥主观能动性，有意识地自我控制心理、生理活动，取得增强体质、预防健康问题的效果。

导引养生功十二法重视调整人体内部的功能，也就是强调对精、气、神的锻炼。这意味着不追求短期内身体的激烈运动和外在的变化，而是通过姿势、呼吸、意念的整体协调锻炼，逐步调整生理、心理功能，加强对机体的健康效应。导引养生功十二法的动作具有柔和、缓慢的特点，能有效避免由于剧烈运动而给身体造成的创伤，是一项适合各年龄层人群的健身项目，尤其适合体质弱者锻炼。

| 刚柔相济，动呼协调 |

导引养生功十二法的功法动作包含肢体的伸屈、拧转、仰俯等，并按一定的规律有节奏地运动，能强筋健骨，提高关节的灵活性，有效增强体质。此外，导引养生功十二法强调呼吸和动作的协调配合，一般当动作为开、伸、起、收、蓄时，配以吸气；当动作为合、屈、落、放、发时，配以呼气。当然，初学者做到顺其自然呼吸即可。

习练导引养生功十二法既要求在思想安静状态下进行，又要求动作和意念相结合，全神贯注，思想集中到每个动作上去，所以每个动作都由三部分组成：肢体运动、呼吸调整和意念运用。在练习中要掌握好每一次呼吸，使其恰到好处，这样做有助于动作和意念相结合，以此达到疏通经络、调和气血、平衡阴阳、调整脏腑的功能，起到"外练筋、骨、皮，内练精、气、神"的作用。

| 以腰为轴，调养脏腑 |

导引养生功十二法强调外动内静，意念上要始终保持松静状态，以利气血畅行。心静则体松，导引养生功十二法中有很多四肢和躯干的伸展动作，伴随着深长的呼吸方式，可以有效扩张肺部，促使机体吸进更多的氧气，并促进气体交换。按照气机升降开合的运动规律，这些伸展动作能够促进气机通畅，增强胸肋部和肩臂部的肌肉，同时还能促进血液循环、增强心肺功能。肢体动作配合深长呼吸，可以使内脏器官和肌肉进一步受到牵引，对肝、胆、脾、胃等脏腑器官起到按摩作用，同时还可以刺激胃肠蠕动，使消化功能得到加强。

腰为肾之府，其是全身运动的枢纽部位。身体前俯的动作可充分伸展腰背肌肉，有效刺激脊柱等部位，起到固肾壮腰的作用；同时对增强腰部及下腹部位的功能也有良好的作用。

贰

因

为什么练
导引养生功十二法

导气令和，引体令柔

调节情志

疏通经络

导气令和，引体令柔

坚持习练导引养生功十二法可以疏导三焦、调理脾胃、调畅气机、去除心火、平衡阴阳、疏通经络、坚固肾腰等，从而达到养生保健、养护身心的目的，并很好地体现了"治未病"的理念。

"导气令和"是指配合肢体运动，调顺呼吸之气，以达到调节体内气血运行的目的。"引体令柔"是指通过各种牵拉肢体关节的运动而达到使身体柔韧性增强的目的。"导气令和"和"引体令柔"相辅相成、共同作用，不断改善人体各部位的屈伸能力，发展人体的柔韧性和灵活性，进而提高人体的稳定性和耐久力，对于润滑关节、松解粘连、疏导经脉和畅通气血都有帮助。导引养生功十二法的动作注重旋转屈伸、抻拔筋骨，就是为了使肢体柔顺、内外合一。

与此同时，初学者在习练导引养生功十二法时可以自然呼吸为主，随着对动作要领的熟练掌握和技术水平的逐步提高，再逐渐过渡到以逆腹式呼吸为主。动作和呼吸的配合基本遵循起吸落呼、开吸合呼、先吸后呼、蓄吸发呼等规律。

经络是人体气血运行的通道，又是五脏六腑相互联系的通道。经络把人体各部分联结成一个有机整体，若经络通畅，则人体的各种通道就畅通，生命活动就正常；若经络出现异常，人体的机能就会发生异常，产生不适，导致"通则不痛、痛则不通"现象的出现。导引养生功十二法锻炼通过活动腕踝、点抠穴位、旋转肢体等动作，疏导堵塞气血不通畅的部位，从而达到强身健体的目的。

导引养生功十二法以整体观为指导，动作设计整体美观大方且符合现代体育运动学规律；动作名称以象形取意为主要特点，如纪昌贯虱、芙蓉出水等；呼吸方式则要求自然舒适、以意引气、以形导气，强调以一念代万念，使人沉醉于美好的意境中，甚至达到物我两忘的境界。如此引导练功者在身心放松的状态下，在清静淡定的心境中，专注习练要领，并逐步达到意、气、形合而为一的境界。

叁

法

怎么练
导引养生功十二法

基本功练习

功法练习

基本功练习

导引养生功十二法涉及多种呼吸方法，如自然呼吸、腹式呼吸、提肛呼吸、发音呼吸等。

自然呼吸 |

自然呼吸，即自身顺其自然地进行呼吸，呼吸过程中不施加任何人为的干涉，自由地进行呼吸。在导引养生功十二法练习时，一般保持唇齿自然闭合，用鼻呼吸的自然呼吸方式。呼吸的快、慢、长、短，都依据个人身体情况而改变。

腹式呼吸 |

腹式呼吸可人为控制呼吸的深度和时间，通过膈肌和腹肌的运动，使腹部有规律地起伏，从而达到提升肺换气量和改善内脏功能的目的。

腹式呼吸可分为顺腹式呼吸与逆腹式呼吸两种。

顺腹式呼吸：吸气过程中，腹肌扩张，膈肌下降，腹部充盈气体，小腹逐渐鼓起；呼气过程中，腹肌收紧，膈肌上升，呼出气体。顺腹式呼吸能提升肺的换气量。

逆腹式呼吸：吸气过程中，腹肌收紧，膈肌收缩下降，腹部容积减小；呼气过程中，腹肌放松，膈肌上升，腹腔容积变大。相比顺腹式呼吸，逆腹式呼吸更能影响内脏器官，改善内脏器官功能。

提肛呼吸 |

即在呼吸过程中加入提肛动作，吸气的同时收缩肛门和会阴周围肌肉，呼气的同时放松肛门和会阴周围肌肉。

发音呼吸 |

发音呼吸是指在练习功法的过程中，将发音融入呼吸中的呼吸方法。

握固

 一

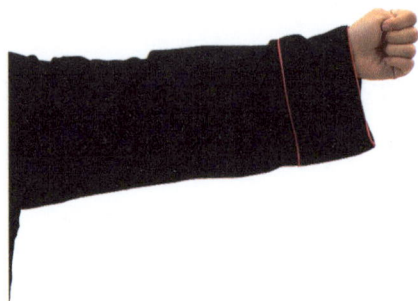 二

拇指屈曲，抵于无名指指跟处，其余四指屈曲握在一起。

自然掌

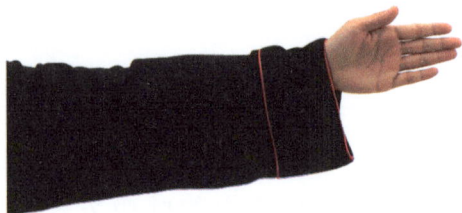

手掌伸出，五指自然伸直，稍稍分开，掌心稍稍内含。

勾手

手掌伸出，五指屈曲，指腹聚合
在一起，屈腕。

步型练习

并步

双腿伸直，并拢，脚尖向前；双臂自然垂于身体两侧；头部中正，目视前方。

开步 |

双脚左右分开站立，双脚距离
约同肩宽；双臂自然垂于身体
两侧；头部中正，目视前方。

弓步 |

双腿并立，一条腿向前跨出一大步，屈膝，膝盖前顶且不超过脚尖，
脚尖稍稍内扣；后腿伸直，全脚掌着地，脚尖向外打开。

马步 |

屈膝半蹲站立，双脚之间距离
大于肩宽，膝盖前顶且不超过
脚尖，膝关节夹角大于90°。
上身挺直，目视前方。

丁步 |

双腿稍稍开立，屈膝下蹲，双脚距离约为脚长的1/2，其中一条腿提膝，
脚跟抬起，脚尖点地，且脚尖同另一只脚的脚弓对齐；另一只脚全脚
掌着地。

提踵步 | 双脚并立或开立，双腿伸直，双脚脚跟离地，前脚掌撑地。

盘根步 | 双腿交叉站立，然后屈膝全蹲，臀部坐于双脚之间。

一

二

| 桩功练习 |

无极桩 |

并步站立，双腿并拢；双臂下垂，手腕放松，双掌自然贴在身体两侧，双肩放松，收下颌；闭唇，舌抵上腭。目视前方。

抱元（抱球）桩 |

双脚开步站立，双脚距离约同肩宽，双腿屈膝下蹲；双手在身前环抱，指尖相对，环抱高度在肩部和裆部之间（根据功法的不同，环抱高度也会有所差异）。目视前方或前下方。

升降桩 |

一

身体正直站立，双脚距离约同肩宽；双臂自然贴于身体两侧。目视前下方。

二

双臂屈肘，双手摆至腹前，掌心向上，指尖相对。

三

双掌缓慢上托至胸部高度，双臂内旋，掌心向下。

（四）

双掌缓慢下按至腹前。目视前方。

扶按桩 |

双脚开步站立，双脚距离略大于
肩宽，双腿屈膝下蹲；同时双臂
稍稍屈肘，掌心向下，指尖向
前，于身体两侧向下按掌至与髋
同高。目视前方。

|意念练习|

在导引养生功十二法练习中，合理运用以下几种意念，有助于集中注意力，功法动作也会更加准确。

意念动作过程 |

即在功法动作练习的过程中，加入意念。将意念集中于动作是否准确，是否合乎练功要领。将意念与动作过程相结合，最终达到形神合一。

意念呼吸 |

即在呼吸中加入意念。将意念集中于对呼吸的调整，使呼吸与动作更好地配合。

意念身体部位 |

即在练功过程中，将意念集中于身体重点部位，使人快速排除杂念，提升动作的准确性。意念身体部位有助于充分发挥功法的作用。

存想法 |

即在练功入静时，自己设想某种形象或景象，并将自身融入其中，使这种形象或景象对心理产生影响，进而对生理产生影响，最终起到积极调节身心的作用。

默念字句 |

即在练功过程中，心内默念动作的歌诀，以及每一式动作的名称，这样做有助于排除杂念，将注意力集中于练功，稳定心神。

功法练习

基本 要求	一、保持心平气和，双肩放松，腰腹放松。
	二、双腿伸直并拢站立时，保持身体中正挺直。

（一）

双腿并拢站立，双臂下垂，手腕放松，双手呈自然掌贴在身体两侧；
头颈正直，双肩放松，收下颌；闭唇，舌抵上腭。目视前方。

○二

○三

双手掌心在丹田位置（脐下小腹区域）交叠。内心默念一遍字诀：夜阑人静万虑抛，意守丹田封七窍。呼吸徐缓搭鹊桥，身轻如燕飘云霄。

双手下放至身体两侧。目视前方。

功法提示

功理作用：凝神静气，为专注练功做好准备。

呼　　吸：自然呼吸。

易犯错误：易动作速度快。

第一式 乾元启运

<table>
<tr><td rowspan="4">基本要求</td><td>一、双臂侧平举时，手臂内旋，掌心向后，且拇指稍稍用力撑。</td></tr>
<tr><td>二、屈膝下蹲时，双掌下按。</td></tr>
<tr><td>三、屈膝下蹲的程度，应根据个人身体状况而定。</td></tr>
<tr><td>四、注意力多集中于腹部与呼吸，可默读"呼"音。</td></tr>
</table>

（一）

接上式。左脚向左迈一步，脚尖向前；双臂内旋，并向身体两侧平举，拇指稍稍用力，掌心向后。目视左手方向。

双臂稍稍外旋，掌心转为向下，双臂向身前划弧，变为前平举，双手距离同肩宽，双手高度同肩高。目视前方。

双腿屈膝下蹲，同时双肘收向身体方向，双手下按至腹前，指尖向前。目视前方。

（四）

双腿伸膝，双臂内旋，并向身体两侧平举，拇指稍稍用力，掌心向后。目视右手方向。

（五）

双臂稍稍外旋，掌心转为向下，向身前划弧，变为前平举，双手距离同肩宽，双手高度同肩高。目视前方。

（六）

双腿屈膝，重心右移。

（七）

左脚收向右脚，双腿伸膝，身体
直立；双手经身前下放至身体两
侧。目视前方。

然后做一遍右式动作，与左式动作相同，方向相反。

功法提示

功理作用： 手臂动作带动身体充分舒展，可促进血液循环，提升呼吸系统
功能；注意力多集中于腹部与呼吸，有利于排除杂念。

呼　　吸： 步骤①开步抬臂时吸气提肛，步骤③屈膝下蹲时呼气落肛；步
骤④双臂侧举时吸气提肛，步骤⑦双臂向下落收脚时呼气落肛。

易犯错误： 双臂侧平举时忘记内旋；呼吸控制不稳；屈膝下蹲时易重心不稳。

一、双手在身前对摩时，横向用力对摩。

二、一只手臂上举于头顶上方、另一只手臂下按于髋部一侧时，双臂呈弧形。

三、呼吸要做到深长而缓慢。

四、上身拧转时，以腰部力量带动拧转。

五、动作连贯，四肢协调。

六、可默读"呼"音。

（一）

接上式。上身左转约45°，双臂内旋，掌心向后，向两侧抬起约45°。目视左前方。

（二）

上身右转，重心右移，双腿屈膝半蹲，左脚尖点地呈左丁步；双臂稍稍外旋；左手向右划至右侧小腹前方，掌心向上；右臂屈肘，右手掌心向下，指尖搭在左腕上方。目视右下方。

（三）

左腿向左前方上一步，左腿伸直，先绷脚尖，然后脚尖回勾，脚跟落地；双臂上抬。目视右下方。

（四）

上身左转，重心前移，左膝前顶，左脚掌着地，右腿伸直，变为左弓步；保持右手搭在左腕上，双手从身体右下方经胸前向左上方摆至左肩的左前方，左手稍稍高于肩，掌心向上，右手掌心向下。目视左手。

（五）

上身右转，重心后移，左腿伸直，左脚尖抬起，右腿屈膝；双臂屈肘，双手从身体左侧摆向胸前，约与肩平，右臂外旋，掌心朝内，左臂内旋，掌心朝外，双手在胸前合掌，右手在外。目视前方。

六

左脚收向右脚，双腿伸膝站直；
双掌对摩，然后右臂内旋，掌心
向前，经头部左侧上托至额头前
上方，左手掌心向下，向左、向
下按掌，双手臂均呈弧形。

七

右手继续向右、向上托至头部右上方，掌心斜向上，左手向左、向下
按至髋部左侧，掌心斜向下，双手臂均呈弧形。目视左前方。

八

九

身体其他部位姿势不变，右手向下落掌。目视右掌。

右手继续向下落掌，最后贴向身体右侧，左手下落至身体左侧。周身回正，目视前方。

然后做一遍右式动作，与左式动作相同，方向相反。

<table>
<tr><td rowspan="4">功法提示</td><td>功理作用：</td><td>四肢动作可提升身体协调性，并使身体舒展；深长、缓慢的呼吸方式可以提升呼吸系统和消化系统功能。</td></tr>
<tr><td>呼　　吸：</td><td>步骤一双臂上抬时吸气提肛，步骤二双臂下落转体时呼气落肛；步骤四转体落步时吸气提肛，步骤五转体回正时呼气落肛；步骤六收脚摆臂时吸气提肛，步骤八手臂下落时呼气落肛。</td></tr>
<tr><td>易犯错误：</td><td>四肢动作不协调；呼吸不顺畅、不连贯；没有利用腰部力量进行上身拧转。</td></tr>
</table>

第三式 老骥伏枥

基本要求

一、双臂向身前屈肘收回时，上臂贴身，肘尖向下，双拳与下颌等高，且中指按压掌心。

二、马步的高低，应根据个人身体状况而定。

三、屈膝下蹲呈马步，向后摆臂时，充分屈腕，勾尖向上，双臂伸直。

四、内心默读"呬"音，注意力多集中于腕部动作。

（一）

接上式。双腿屈膝，左脚向左迈出一大步，双腿再伸直；同时双臂在身体两侧外旋，再向前平举，掌心向上。目视前方。

二

双手握拳，屈肘收至颈前，双拳与下颌齐平，双拳相贴，拳心向内，以中指指尖按压手心。

三

双拳变掌，向前上方举起，双臂内旋，掌心向前，双掌距离稍稍大于肩宽。目视前方。

四

双腿屈膝下蹲为马步，重心下降；同时双臂向前、向下摆至髋部两侧，再向后摆，变掌为勾手，指尖充分向上勾起。目视左侧。

双臂前摆至腹前，掌背相贴，指尖向下。目视前方。

双膝伸直，重心上升；同时双手保持掌背相贴，上提至胸前，然后双手向上依次卷曲指关节，虚握，指甲互弹，与下巴同高，掌根相贴，掌心相对。

怎么练导引养生功十二法

七

双手变掌，划至头部两侧，再向身体两侧分开至平举，沉腕，指尖向上，掌心向外。目视前方。

八

双手下压伸直，掌心向下；重心右移，右腿屈膝。

左脚收向右脚，双腿伸膝，身体直立；双手下放于身体两侧。目视前方。

然后做一遍右式动作，与左式动作相同，方向相反。

功法提示		
功理作用：	腕部与双手的动作可提升双腕、双手灵活性，刺激末梢神经，加速血液循环，增强心肺功能。	
呼　　吸：	步骤①双臂前抬时吸气提肛，步骤②双臂屈肘收回时呼气落肛；步骤③双臂上抬时吸气提肛，步骤④双臂下落后摆时呼气落肛；步骤⑤双臂摆向身前时吸气提肛，步骤⑧双臂下落时呼气落肛。	
易犯错误：	双臂屈肘收回身前时，上臂没有贴身，中指没有按压掌心；屈膝下蹲呈马步时，重心不稳；手臂后摆时，屈腕不充分，导致勾尖不能向上。	

第四式 纪昌贯虱

基本要求

一、双掌前推时，掌根前送，力达指尖。

二、转体时，伸直腿的脚跟不能离地。

三、做拉弓动作时，胸部充分伸展。

四、注意力多集中于背部腰椎位置。

接上式。双臂屈肘，双手变掌为拳，收向腰部两侧，拳心向上。

双腿屈膝，左脚向左迈出一大步，双腿再伸直；同时双拳变掌，沉腕，向前推掌，力量从掌根达到指尖，直至手臂伸直，双手距离约同肩宽，掌心向前。目视前方。

（三）

双手握固，拳心相对，双拳距离约同肩宽。

（四）

上身左转约 90°，左腿屈膝，脚尖向前，右脚以脚尖为轴，脚跟向右拧转，脚跟不要离地；同时双臂水平左摆。目随左手移动。

（五）

上身继续向左后方拧转，髋部下沉，胸部舒展，左臂摆至身体左后方，与肩齐平，右臂屈肘，右拳位于右肩前，双臂呈拉弓射箭状。目视左手方向。

（六）

右臂伸直，双拳变掌。右脚向右蹑脚掌，脚尖向前，上身右转；同时双臂内旋并向右摆至前平举，掌心向下。目视前方。

左脚收向右脚，双腿伸膝，身体直立；双手沿身前下放于身体两侧。目视前方。

然后做一遍右式动作，与左式动作相同，方向相反。

功法提示		
功理作用：	拉弓动作使胸部舒展，可增强心肺功能；转体动作可调动腰椎周围肌肉，提升腰腹稳定性。	
呼　吸：	步骤二双臂抬起前推时吸气提肛，步骤四转体时呼气落肛；步骤六上身回正时吸气提肛，步骤七落臂收脚时呼气落肛。	
易犯错误：	转体时，伸直腿的脚跟容易离地；拉弓动作展胸不充分。	

第五式 躬身掸靴

一、转体摆臂动作要连贯顺畅。

二、整体动作幅度尽量大一些，使身体充分舒展，但俯身的
程度应根据个人身体状况而定。

三、掸靴时，掸靴的手要摩运到对侧脚踝外侧掸靴，且双腿
要伸直。

四、如患有高血压等心血管疾病，做前俯动作时，最好抬头。

（一）

接上式。双臂屈肘，双手变掌为拳，收向腰部两侧，拳心向上。

（二）

上身左转，左手变拳为掌，左臂内旋，向左、向后、向上摆，掌心向后。目随左手移动。

（三）

上身向右拧转，左臂外旋，同时向右、向上摆至左手位于头顶左上方，手臂伸直，掌心向右。目随左手移动。

（四）

左臂屈肘，左手下降至右肩前，掌心贴右肩。目视右侧。

（五）

左手沿右肩前、上身右侧、右腿外侧向下摩运，上身跟随右倾。目随左手移动。

保持双腿伸直，左手继续向下摩运至右脚踝外侧，如掸靴状，指尖向后。头部稍稍抬起，用眼睛余光看左手。

左手掌心向下，经双脚前方，向左摆至左脚踝外侧，身体跟随转向正面，上身保持前俯。头部稍稍抬起，用眼睛余光看左手。

保持身体其他部位姿势不动，左手指尖向左、向后划半圆，指尖下垂，掌心向前，然后握拳。

上身缓慢抬起，左臂屈肘，左拳收向腰间，拳心向上。目视前方。

然后做一遍右式动作，与左式动作相同，方向相反。

功法提示

功理作用： 俯身动作和转腰动作可充分活动腰椎，提升腰椎灵活性，刺激腰椎周围肌肉，增强腰部力量；俯身动作可促进头部血液循环，增加脑部供氧。

呼　　吸： 步骤 二 转体展臂时吸气提肛，步骤 五 俯身时呼气落肛；步骤 八 变掌为拳时吸气提肛，步骤 九 上身抬起时呼气落肛。

易犯错误： 转体摆臂动作不连贯；动作幅度太小，达不到锻炼效果；掸靴位置有误，或掸靴时双腿屈膝。

第六式 犀牛望月

一、开步要大，落脚后脚尖向前，双臂后摆时要有撑力。

二、转体时幅度要大，屈膝腿的脚不动，伸直腿的脚蹬地，脚跟不离地。

三、转体、双臂上摆时，速度要均匀，双臂呈弧形。

四、注意力多集中于背部腰椎位置。

一

二

接上式。左腿向左侧迈一大步，右腿屈膝；双臂内旋，双手向后按，变拳为掌，掌心向后。目视前方。

重心左移，左腿向左顶膝，右腿伸直；同时双手坐腕，向后、向上摆。

（三）

上身向左、向后转，右腿蹬直，右脚以脚尖为轴，脚跟向右拧转，脚尖向左，脚跟不要离地；双臂上抬至头部侧上方，掌心斜向上，指尖相对，双臂均呈弧形。目视双手之间。

（四）

双臂外旋，向下划弧至与肩平，掌心向上，指尖向前，双掌距离约同肩宽。右脚以脚尖为轴，脚跟向左拧转，脚尖向前，右腿屈膝，左腿伸直，同时上身向右回正；双臂保持前平举，跟随上身右转。目视前方。

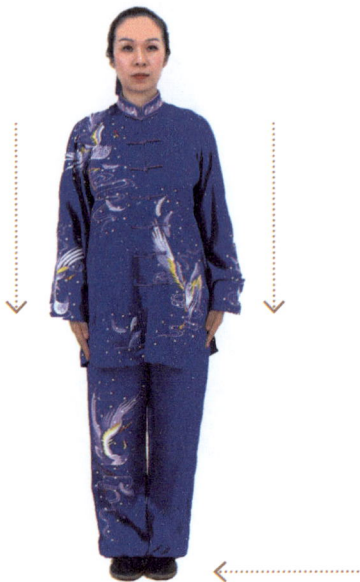

左脚收向右脚，双腿伸膝，身体直立；双臂内旋，掌心向下，然后沿身前下放于身体两侧。目视前方。

然后做一遍右式动作，与左式动作相同，方向相反。

功法提示		
功理作用：转腰、抬头动作可充分刺激脊柱，缓解肩颈腰背疼痛，提升脊柱灵活性；转体时，一脚不动，一脚蹬地，可刺激脚掌穴位。		
呼　　吸：步骤一迈步时吸气提肛，步骤三转体抬臂时呼气落肛；步骤四上身回正时吸气提肛，步骤五双臂下落收步时呼气落肛。		
易犯错误：转体时，伸直腿的脚跟容易离地；双臂上举动作过快或忽快忽慢；转腰幅度不足。		

第七式 芙蓉出水

基本要求

一、双手在胸前卷指、弹甲时，要调动肩关节、肘关节、腕关节与指关节，动作轻巧连贯。

二、下蹲呈盘根步时，双手动作要协调，身前的手拳心朝前，身后的手拳心朝后。

三、双手托莲起身时，想象莲花从池水中升起的情景。

四、注意力多集中于双手动作，可默读"呬"音。

（一）

接上式。左脚向左迈一步，双腿屈膝；双臂内旋，掌背相贴，指尖向下。目视前方。

（二）

双膝伸直，重心上升；同时双手保持掌背相贴，上提至胸前，然后双手向上依次卷曲指关节，双手虚握，指甲互弹，与下巴齐高，掌根相贴，掌心相对。

（三）

双手变拳为掌，向上划至头部两侧，再向身体两侧平举，掌心向上。目视前方。

④

上身左转，双臂内旋，屈肘，右手水平摆向身前，约与肩平，左手向右、向下摆，与胸部下缘平，然后双手变掌为拳，拳眼向上。目视右手。

⑤

右脚向后撤一步，插向左脚的左后方，双腿屈膝呈盘根步；左拳向左、向下摆至髋部左侧，拳眼向后，右拳摆至右肩前，拳眼向下。目视左侧。

⑥

双手收向胸前，呈莲花状，掌心相对，指尖向上。目视双手之间。

七

双腿伸直起立，右脚经左脚后方，向右前方迈一步，与左脚平齐站立，距离略大于肩宽；同时双手向上托举至头顶上方。抬头，目视双手。

八

双臂内旋，向两侧打开至侧平举，掌心向下。目视前方。

左脚收向右脚，双腿伸膝，身体直立；双手下放于身体两侧。目视前方。

然后做一遍右式动作，与左式动作相同，方向相反。

功法提示		
功理作用：	双手、双腕的屈伸，可提升双手、双腕的灵活性，刺激末梢神经，加速血液循环；屈膝下蹲呈盘根步，可激活身体多处关节，挤压内脏，增强内脏功能。	
呼　吸：	步骤一吸气提肛，步骤四呼气落肛；步骤六吸气提肛，步骤八呼气落肛。	
易犯错误：	下蹲做盘根步时，双手摆动不协调；做卷指、弹甲动作时忽略肩关节和肘关节；托掌起身动作过快，或动作不稳。	

第八式 金鸡报晓

基本要求

一、双臂上下摆动时，动作舒展。

二、单脚支撑时，支撑脚脚趾抓地，头部上引，使重心稳定。

三、后伸脚的脚掌向上，伸脚的同时背部反弓。

四、双手、双脚动作柔和、协调。

五、注意力多集中于下腹部位置，可轻读"吹"音。

一

接上式。双脚提踵；双臂向两侧打开，侧平举，双手变为勾手，屈腕，勾尖向下，胸部舒展。目视左手。

二

双脚脚跟落地，屈双膝下蹲；双手由勾手变掌，双腕下压，带动双臂下摆至髋部两侧。目视前方。

三

保持双腿屈膝并拢姿势，双手前摆至腹前，双手距离约同肩宽，掌心向下。

四

双腿伸膝直立，左腿向后抬起，脚掌向上，脚面绷直，右脚脚趾抓地；同时双手直臂上举至头顶上方，上举过程中，双手变为勾手，勾尖向前；身体舒展，目视前方，尽量向远处看。

左脚落下，与右脚并拢，双腿先屈膝再伸直；同时双手变勾手为掌，经身前下按至腹前，再向两侧分开，自然垂于身体两侧，掌心贴体侧。目视前方。

然后做一遍右式动作，与左式动作相同，方向相反。

功法提示		
功理作用：	单脚支撑动作可提升身体平衡能力；手臂动作带动身体充分舒展，可促进血液循环，提升呼吸系统功能；腕部与双手动作可提升双腕、双手灵活性。	
呼　　吸：	双臂上抬时吸气提肛，双臂下落时呼气落肛。	
易犯错误：	单脚支撑时重心不稳，可脚趾抓地，头部上引；脚后伸时，背部没有反弓；双手直臂上举时，没有变勾手或勾尖向上。	

第九式 平沙落雁

基本要求

一、双臂向两侧抬起时，以腕关节领先带动双臂抬起。

二、双腿下蹲时，为盘根步，但下蹲幅度也要依据个人身体状况而定。

三、双手侧推时，腕部要下压。

四、注意力多集中于双手手掌，可轻读"呵"音。

（一）

接上式。以腕关节带动双臂向两侧抬起，双臂约与肩同高，掌心向下。目视右手方向。

二

左脚经右脚后侧，向右后方迈一大
步，脚尖着地，双腿屈膝，重心
降低；同时双臂屈肘下压，使上臂
水平，双腕下压，双手掌心向下，
指尖朝向两侧。目视右手。

三

双腿继续屈膝，向下呈盘根步；
同时双臂向后屈肘，使双腕夹在
胸部两侧，然后双掌向两侧平推，
腕同肩高，立掌。胸部舒展，目
视右手。

四

双腿伸膝站起，左脚保持脚尖着
地；双手下压伸直，掌心向下。
目视前方。

左脚上步，与右脚并拢站立；同时双臂下摆至身体两侧。目视前方。

然后做一遍右式动作，与左式动作相同，方向相反。

功法提示

功理作用： 盘根步下蹲时，充分挤压刺激内脏，可提升内脏功能；腕部与双手动作可提升双腕、双手灵活性，刺激末梢神经，加速血液循环。

呼　吸： 步骤一双臂抬起时吸气提肛，步骤三盘根步向两侧推掌时呼气落肛；步骤四起身时吸气提肛，步骤五双手下落时呼气落肛。

易犯错误： 身体过于紧张，导致动作不协调；双臂向两侧抬起时，没有用腕部带动抬起；盘根步不稳；双手侧推时，双腕下压不充分。

第十式 云端白鹤

基本要求

一、双腿伸直、双手向上摩运时，脚尖上翘；双腿屈曲、双手向胸前摩运时，脚趾抓地，双腿内侧相贴。

二、卷指动作柔顺流畅。

三、双手摆至头顶上方时，手臂呈弧形。

四、注意力多集中于小腹位置。

（一）

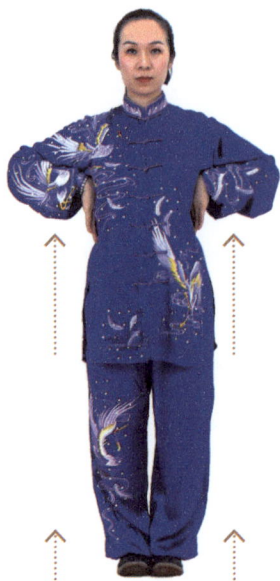

接上式。双脚脚尖上翘；双臂内旋，使掌心斜向后，双掌上提，掌背贴身体两侧，向上摩运至大包穴。目视前方。

（二）

双腿屈膝；同时双手手指向后、向上旋转，使指尖向后。

（三）

双腿保持屈膝并拢状态，双脚脚尖下落，脚趾抓地；双手保持手指向后，向前挤压摩运至胸前，直至掌背相贴，指尖向内。

双手向前、向两侧分开呈侧平举，掌心向前。目视前方。

双腿伸膝，双脚提踵；同时双手上摆至头顶上方，掌心向上，中指与肩部上下对齐，双臂呈弧形。目视前方。

双脚脚跟下落；同时双臂下落于身体两侧，掌心贴体侧。目视前方。

功法提示		
	功理作用：	双手在胸部、肋部摩运挤压，可活动胸腔，刺激内脏，增强心肺功能和消化系统功能；双脚动作如翘脚趾、脚趾抓地和提踵，可提升身体平衡能力，并充分刺激脚掌穴位。
	呼　吸：	双手沿身体两侧向上摩运时，吸气提肛，双手从身体两侧向身前挤压摩运时，呼气落肛；双手上摆时吸气提肛，双手下落时呼气落肛。
	易犯错误：	双手摩运时，双脚没有相应做翘脚尖或脚趾抓地动作。

第十一式 凤凰来仪

<table>
<tr><td rowspan="3">基本要求</td><td>一、双手后摆时充分屈腕，使勾尖向上。</td></tr>
<tr><td>二、双手从身前向两侧打开时，舒展胸部，背部挺直，腰部放松，臀部收紧。</td></tr>
<tr><td>三、注意力多集中于小腹位置，可轻读"呼"音。</td></tr>
</table>

（一）

接上式。上身左转约 45°，双臂内旋，使掌心斜向后，双臂向两侧打开。

双臂继续向上打开为侧平举，然后双臂外旋，掌心向上，水平划向胸前，变为前平举，双掌距离约同肩宽。目视双手中间。

左脚向左上方迈一步，先绷脚尖，然后脚跟着地，为左虚步，重心后移；同时双臂内旋，掌心向下。目视双手中间。

（四）

重心前移，左脚踏实，右脚脚跟离地；同时双臂后摆至身体侧后方，双掌变为勾手，勾尖向上。

（五）

重心右移，右脚跟落下，左脚尖翘起，上身右转回正；同时双手划至胸前，变为双掌并交叉，掌心向内，右手在外。目视前方。

六

舒胸展背，臀部收紧；双手保持交叉，上举于面前，双臂内旋，使掌心向前，然后双手划向身体两侧，为侧平举，手指向上，掌心向外。

七

左脚收向右脚，双腿屈膝并拢；同时双手下压，掌心向下。

双臂下摆至身体两侧。目视前方。

然后做一遍右式动作，与左式动作相同，方向相反。

<table>
<tr><td rowspan="3">功法提示</td><td>功理作用：</td><td>由虚步动作转为提脚跟，可充分刺激脚掌穴位；手臂动作带动身体充分舒展，可促进血液循环，提升呼吸系统功能。</td></tr>
<tr><td>呼　吸：</td><td>双臂上抬时吸气提肛，双臂下落呼气落肛。</td></tr>
<tr><td>易犯错误：</td><td>勾手屈腕不充分；由虚步转为提脚跟时动作僵硬。</td></tr>
</table>

第十二式 气息归元

基本要求

一、吸气时，头部上引，呼气时，双肩放松，腰腹放松，保持身体中正挺直。

二、向身体两侧摆臂时，双臂自然伸直。

（一）

接上式。双臂内旋，使掌心向后，同时双臂向两侧上抬，与躯干的夹角约呈30°。目视前方。

（二）

双臂外旋，使掌心向前。

（三）

双腿屈膝下蹲；同时双手向腹前合抱，如抱物状。

双腿伸膝直立，同时双手继续合抱至腹前。

功法提示

功理作用：手臂动作带动身体充分舒展，可促进血液循环，提升呼吸系统功能。

呼　　吸：双臂上抬时吸气提肛，双臂向身前合抱时呼气落肛。

易犯错误：摆臂动作僵硬，或动作过快。

收势

基本要求	一、保持心平气和，双肩放松，腰腹放松。
	二、双腿伸直并拢站立时，保持身体中正挺直。
	三、双手在腹前交叠时，女性应左手在外，男性应右手在外。
	四、注意力多集中于搅海吞津。

（一）

接上式。双臂内旋，使掌心向后，同时双臂向两侧上抬，与躯干的夹角约呈30°。目视前方。

（二）

双臂外旋，使掌心向前。

（三）

双臂前摆，双手掌心在丹田位置交叠，女性左手在外，右手在内，男性则相反。目视前方。

保持动作片刻，同时舌尖抵牙龈做"赤龙搅海"动作，吞咽津液；然后双手自然下放于体侧。健身气功导引养生功十二法套路演示完毕。

* 注：在收势过程中，如果练习时间充裕，可进行闭目静养、搓掌、浴面、梳头等动作；如果练习时间紧张，也可省略此过程，练习者可根据具体情况决定。

功法提示	功理作用：从练功状态进入平时状态，心神归于平静；搅海吞津，有助于改善消化系统功能。
	呼　吸：双臂上抬时吸气提肛，双臂放下时呼气落肛。
	易犯错误：摆臂动作僵硬，或动作过快；双手在腹前交叠时，手的位置有误。